I0025845

DES
IDÉES LIBÉRALES
DES FRANÇAIS

en mai 1815.

Cet ouvrage est placé sous la protection des lois : pour éviter les contrefaçons , tous les exemplaires seront paraphés par l'auteur.

DES
IDÉES LIBÉRALES

DES FRANÇAIS,

en mai 1815.

DÉDIÉ AUX ÉLECTEURS;

PAR A.... J....

C'est au sein des mœurs corrompues que chacun parle de vertu ; c'est lorsque les âmes sont avilies que le mot *honneur* est dans toutes les bouches.

CHAP. Ier, pag. 12.

BIBLIOTHEQUE ROYALE
I

A PARIS,

CHÉZ LES MARCHANDS DE NOUVEAUTÉS.

1815.

ÉPITRE DÉDICATOIRE

AUX ÉLECTEURS.

————

Si vous êtes appelés au Champ-de-Mai pour préparer le bonheur de la France en lui donnant des lois, je vous dédie mon livre, dans l'espoir qu'une esquisse des vices de mon siècle, quelque faible qu'elle soit, ne sera pas inutile au dessein que vous avez, sans doute, de les corriger ou de les réprimer.

Si, au contraire, vous n'êtes réunis dans cette grande assemblée que pour sanctionner des institutions déjà établies et protégées par l'autorité, et pour souscrire aveuglément à des mesures auxquelles vous n'avez pas eu part, je vous dédie encore mon li-

vre, parce qu'il pourra au moins vous
consoler de votre impuissance en dé-
montrant qu'au point où nous en
sommes, vos efforts eussent été pro-
bablement inutiles.

———————

INTRODUCTION.

Depuis quelques temps j'entendais parler autour de moi des idées libérales; et après avoir
en vain consulté les oracles des langues pour
connaître la signification de ces mots, je me suis
adressé, dans mon ignorance, à ceux qui les
emploient avec tant de pompe dans leurs discours et dans leurs écrits.

Les idées libérales, m'ont-ils répondu, sont,
dans les gouvernemens, ces maximes d'un amour
désintéressé de la chose publique, qui doivent
assurer la liberté individuelle; protéger le peuple
contre l'oppression des grands; inspirer à tous
l'attachement le plus dévoué à la patrie; fixer les
sentimens les plus purs de l'honneur militaire
parmi ses défenseurs; mériter enfin, par l'empire
de l'opinion bien plus que par la force des armes,
l'estime et le respect des autres peuples. Voilà,
m'ont-ils ajouté, les résultats précieux de l'avancement des lumières parmi nous : voilà les règles
que nous avons définitivement adoptées, et qui
assurent le bonheur des Français.

Heureux le peuple, me suis-je dit, dont les
destins sont régis par de tels principes ! Heureux
le pays où ces maximes sont devenues la règle
générale de toutes les conditions! La cause de ses
habitans deviendra la cause universelle. Les hon-
nêtes gens de tous les gouvernemens s'y réuniront
de vœux et d'affection. Tôt ou tard l'exemple de
ses vertus aura l'influence la plus décisive sur l'a-
mélioration de l'espèce humaine, et une chose si
nouvelle dans les annales des nations méritait bien
qu'on inventât un mot nouveau pour l'exprimer.

Mais, quand j'ai réfléchi que depuis l'origine
du monde, les hommes ont étrangement abusé
des mots; quand je me suis rappelé que depuis
un demi-siècle, ces mêmes maximes nous ont
été présentées sous d'autres termes, et que depuis cinq lustres des flots de sang ont été inutile-
ment versés pour nous en démontrer les avantages, j'ai suspendu mon jugement.

Je l'avouerai : mes doutes se sont accrus, lorsque jetant mes regards sur ce peuple dont on
m'exalte l'heureuse perspective, je n'ai vu sur son
front que les signes d'une morne stupeur; lorsqu'envisageant ces guerriers dont le cœur doit
être le sanctuaire du véritable honneur, j'ai aperçu
dans la plupart d'entre eux l'orgueil que donne
le sentiment de la force; le mépris pour toutes
les autres classes; l'ambition de parvenir pour

mobile ; la fureur des combats pour toute religion. Lorsque j'ai vu enfin ces apôtres si zélés de
la philantropie et du désintéressement ne rêver
eux-mêmes que fortune, puissance, honneurs et
dignités, et rompant d'une main ces liens de la
société et de la morale, dont ils nous proclament
de l'autre la sainteté, employer tour-à-tour, et
selon qu'il est en eux, les armes du fort et celles
du faible, l'abus du pouvoir et la perfidie, pour
parvenir à leur but.

En effet, proclamer la liberté sous le gouvernement des baïonnettes, vanter la gloire nationale
dans l'instant où on a mérité le mépris des autres
nations, exalter l'honneur militaire au sein des
trahisons, se parer des vertus sociales sous le
règne de l'égoïsme et des ambitions privées ; ne
serait-ce pas encore une dérision, un de ces abus
si communs de l'art d'écrire, qu'on voudrait dé-
guiser sous les couleurs d'une nouvelle expression ?

Nul ne peut être juge dans sa propre cause, et
les grandes causes des nations sont elles-mêmes
soumises à ce principe. Dans les convulsions politiques qui agitent la France, ce ne sont ni les
déclamations des parties intéressées, ni l'éloquence des écrivains de parti qui décideront ce
grand procès. Les peuples voisins nous obser-
vent, et les jugemens qu'ils portent de nous se-

ront balancés au tribunal de la postérité: et, quels témoignages y rendront-ils de notre caractère, si nos actions sont toujours en opposition avec nos principes et avec nos discours ?

Dans l'impossibilité où nous sommes de prévoir les événemens, il est du moins utile d'examiner comment ceux qui se passent sous nos yeux seront appréciés par les générations futures. C'est ainsi que nous élevant par la pensée au-dessus du tourbillon des passions qui nous entourent, nos yeux pourront apercevoir la vérité.

Dans cette recherche, les annales du passé doivent nous servir de guide; car nous serons jugés par nos successeurs avec cette même sévérité que nous exerçons sur ceux qui nous ont précédé.

Or, nous voyons que ces nations grandes et heureuses qui semblent déstinées à servir de modèles, furent celles où l'opinion publique fut constamment et religieusement dirigée vers le bien; où la liberté fut tempérée par la sagesse des lois, et les lois conservées par la force d'une autorité légitime; où le sentiment du véritable honneur fut le plus ferme appui de cette autorité; où les vertus sociales, gravées dans le cœur des citoyens, entretinrent l'harmonie en éloignant toute idée de trouble et de bouleversement; où enfin l'union de tous les sentimens, plus redoutable à ses ennemis que l'esprit d'envahissement et la terreur des conquêtes, établit la gloire nationale sur des bases vraies et durables. Honneur, vertu, liberté, amour de la patrie, gloire nationale, tels sont encore aujourd'hui nos mots de ralliement; mais l'histoire fait peu de cas des mots : elle enregistre les faits, les actions et les mœurs; les nôtres sont-ils conformes aux maximes que nous professons? C'est ce que j'ai entrepris d'examiner.

CHAPITRE PREMIER.

De l'honneur en général.

———

Cʜᴇsᴛ au sein des mœurs corrompues que chacun parle de vertu : c'est lorsque les âmes sont avilies, que le mot *honneur* est dans toutes les bouches.

Ce sentiment qui, dans chaque condition, rend l'homme esclave de sa conscience et maître de ses passions; qui forme le plus solide lien de la société, en établissant la confiance entre ses membres, malgré l'opposition constante de leurs intérêts; ce sentiment, dis-je, s'il était mieux connu de ceux qui croient de bonne foi le posséder, serait bien moins souvent profané.

L'homme guidé par les vrais principes de l'honneur, dans quelque circonstance qu'il se trouve, fait abnégation de lui-même toutes les fois que son intérêt particulier est en opposition avec ses maximes; pour prix de ce sacrifice, il n'attend, il n'espère, il n'exige que sa propre estime; et c'est ce désintéressement même qui

a mérité que tous les hommes s'accordassent
pour lui décerner une autre récompense ; cette
récompense, c'est l'estime générale , et c'est, en
effet , la seule qui soit digne de lui.

Bien différent de cet éclat qui éblouit ordinairement les yeux du vulgaire, le lustre de l'honneur
brille également dans l'infortune , dans l'indi-
gence , dans l'obscurité, et n'accompagne pas
toujours l'heureux sous les lambris dorés et dans
la pompe des grandeurs. Ce lustre seul constitue
la vraie gloire à laquelle tout homme , qui sent
la dignité de son être , doit aspirer ; et c'est lorsque la majorité d'un peuple est pénétrée de cette
vérité, que ce peuple peut prétendre à une gloire
nationale.

L'honneur est donc inné dans l'ordre social,
indépendant, imprescriptible ; et c'est à tort
qu'on a voulu en limiter les avantages pour le
soutien des monarchies. L'honneur est de tous
les pays, de tous les gouvernemens, de tous les
temps.

CHAPITRE II.

De l'Honneur dans les républiques.

Ce que les premiers Romains nommaient vertu, n'était autre chose que l'honneur; alors, comme de nos jours, il consistait à garder religieusement la foi du serment, et à affronter les dangers, les souffrances, et la mort même, plutôt que de s'écarter de ses principes. Alors ce sentiment était constamment dirigé vers le bien public. Dévouement à la patrie et honneur étaient une même chose; et c'est à cette heureuse impulsion donnée, au plus fort véhicule qui puisse mouvoir l'homme dont le cœur n'est point corrompu, que la république Romaine dut son élévation gigantesque.

Ce fut l'honneur qui présida au serment des Horaces; qui guida la main de Mutius sur le brasier ardent; qui inspira Regulus, lorsqu'en plein sénat il conseilla la guerre, et qui l'obligea de retourner à Carthage se livrer à ses bourreaux.

Ce fut l'honneur qui maintint si long-temps dans cette république l'égalité parmi les citoyens, malgré la disproportion des fortunes et des con-

ditions ; parce qu'il défendait à chacun de sortir
de l'état où le sort l'avait placé, pour troubler
l'ordre général ou blesser les intérêts d'un autre ;
et dans cet état de choses, l'ambition naturelle à
l'homme pouvait se satisfaire sans nuire à personne ; elle était même excitée par l'honneur ;
car il était libre à chacun de se distinguer par de
belles actions ; et tous avaient le même droit à en
acquérir la récompense pour lors la plus appré-
ciée : la considération de ses concitoyens.

Alors on vit souvent le mérite couronné par
la gloire au sein de la pauvreté. Dans un moment
où le salut de l'état était menacé, on vit un
homme quitter sa charrue pour prendre le com-
mandement suprême ; et le danger cessé, déposer spontanément l'autorité, pour retourner à
ses occupations champêtres.

Dans ces temps mémorables, on eût rougi de
se vanter de ce qui n'était considéré que comme
le simple accomplissement des devoirs de l'homme
et du citoyen ; aujourd'hui que les maximes
d'honneur et de vertu sont proclamées de toutes
parts, ces grands exemples se sont-ils renouvelés
parmi nous ?

Est-ce par le plus étrange abus des mots, ou
par suite de l'égarement des idées, que dans le
tourbillon de nos tourmentes révolutionnaires,

au milieu des efforts de l'ambition privée, des vengeances particulières, de l'oubli de la pudeur, et de l'apathie de l'égoïsme, on a osé prétendre nous chercher des modèles parmi ces austères Romains ?

CHAPITRE III.

Effets de la décadence de l'Honneur.

LORSQUE par suite de leurs conquêtes et de leurs relations avec les autres peuples, le luxe s'introduisit chez les Romains, les mœurs se corrompirent; les principes de l'honneur s'altérèrent; l'harmonie sociale fut troublée, et l'équilibre de l'état fut rompu. Alors, comme de nos jours, des ambitieux abusèrent de leurs moyens et de leur fortune pour acquérir le pouvoir, et ils abusèrent de ce pouvoir pour bouleverser l'état. D'autres ambitieux les suivirent pour avoir part aux honneurs et aux profits. Car, dès lors, comme de nos jours, les hommes ne se contentèrent plus, pour prix des actions d'éclat, d'une gloire stérile ; les richesses et la puissance devinrent le but qu'ils se proposèrent à l'envie ; et c'est à cette époque que les sentimens les plus purs de l'héroïsme et de l'honneur se perdirent.

Les dernières conquêtes de la république Romaine furent le résultat des projets de quelques ambitieux qui résolurent de s'en faire des degrés pour arriver au trône. La plupart des citoyens

2

avilis par la corruption, isolés les uns des autres par l'égoïsme, virent, sans s'émouvoir, les fers qu'on leur préparait. Le très-petit nombre de ceux qui avaient conservé la sévérité des mœurs antiques fut opprimé par la force. César, vainqueur, dicta des lois au Capitole, et l'honneur de Rome libre expira avec Caton.

Il est vrai que des étincelles de ce feu sacré se conservèrent encore quelque temps parmi les Romains. Ce fut un élan de cet honneur exalté qui enfonça les poignards dans le sein du dictateur. La postérité n'a point encore unanimement prononcé si, dans les mœurs romaines, ce meurtre fut un crime ou un acte de vertu héroïque; je pense qu'au point où l'on en était arrivé, il doit être considéré comme une erreur; car l'honneur a aussi son fanatisme et ses erreurs.

César avait reculé les bornes de l'empire; il avait abattu l'hydre de la guerre civile; sa naissance illustre et la gloire qui l'environnait, semblaient donner à lui seul le droit d'aspirer au premier rang. La faiblesse du sénat, les discordes intestines lui présentaient un prétexte; en s'emparant du trône, il ne dépossédait personne; cependant Brutus a trouvé parmi nous un grand nombre d'apologistes; et mes contemporains croiront-ils que la postérité les jugera d'après leurs maximes?

CHAPITRE IV.

De la marche de l'Honneur dans les révolutions.

———

Aussitôt que les formes républicaines eurent été remplacées par un pouvoir monarchique, l'honneur, s'il en existait encore, dût prendre une autre direction, par cela même que nous avons dit qu'il était inaltérable et indépendant des circonstances et des gouvernemens ; et c'est ici le lieu de donner à ce principe quelques développemens.

Je prie le lecteur de lire ce qui suit avec attention, car je n'ai pas la prétention de persuader celui qui ne prendra pas la peine de me comprendre.

Dans les secousses violentes qui accompagnent les états en révolution, cet intervalle, qui sépare le gouvernement qui périt, de celui qui vient le remplacer, est une anarchie ; tant que dure cette anarchie l'honneur est, pour ainsi dire, égaré ; et dans le conflit des opinions diverses, il n'a d'autres règles pour se diriger que les sentimens particuliers de chacun, qui envisage à sa manière le parti

que sa conscience paraît le forcer à embrasser ; si
l'honneur en général n'est pas éteint dans l'anarchie, il est donc paralysé par le défaut d'un point
de ralliement ; et c'est là, si je ne me trompe,
la cause principale de la démoralisation et des
malheurs sans nombre que l'anarchie entraine
après soi.

Mais aussitôt qu'un nouvel ordre de choses a
pris le dessus, quels que soient d'ailleurs les
moyens qui l'ont produit, il devient la chose publique, et l'honneur s'y rallie ; dès-lors toute re-
bellion contre ce qui existe est une transgression
à ses principes.

En effet, tout homme qui pendant l'anarchie
était libre d'agir d'après sa conscience et son opinion, aussitôt que la tourmente a cessé, et quand
bien même le nouvel état de choses qui lui succède serait contraire à ses maximes, ne peut agir
en sens opposé, sans troubler le bien général et
les intérêts des autres, ce qui, comme nous l'avons
vu, est défendu par l'honneur. Il ne lui reste donc
qu'à s'éloigner d'un gouvernement qui lui paraît
en opposition avec sa manière de voir ; et quittant
le rôle actif qu'il a joué jusqu'alors comme partie
intéressée dans l'état, rentrer dans la classe privée
des citoyens.

Il résulte de tout ceci que l'honneur se conser-
vant pur et général dans un état, il ne pourrait

y avoir d'anarchie, car les révolutions des gouvernemens se feraient sans troubles, et il nous
suffirait de jeter un coup-d'œil sur l'histoire de
tous les peuples du monde, pour nous convaincre
que les malheurs de l'anarchie ont toujours été la
suite de la dégradation des principes de l'honneur.

Au moment où j'écris, j'ai peine à me persuader que, si vingt-cinq années d'épreuves diverses
n'ont pas encore suffi pour rallier l'opinion des
Français à un seul point, les siècles à venir en
croiront sur parole nos écrivains, qui assurent
qu'il existe parmi nous un honneur national.

CHAPITRE V.

De l'Honneur dans les monarchies.

DANS une république où chacun a part, ou du moins a droit d'avoir part au gouvernement, les devoirs qu'impose l'honneur sont les mêmes pour tous. Dans une monarchie où le pouvoir n'est exercé que par un certain nombre d'individus, ces devoirs sont encore plus sacrés pour ceux-ci, attendu que l'infraction en serait plus dangereuse.

C'est par ce motif qu'on exige que tous ceux revêtus d'une portion de l'autorité prêtent un serment. Remarquons cependant qu'il n'est point destiné à s'assurer de l'honneur de ces fonctionnaires de l'état ; car, en recevant leur serment, on va supposé d'avance qu'ils ne seront jamais assez vils pour l'enfreindre. Cet acte solennel n'a pour but que de fixer leur conscience d'une manière invariable et distincte sur ce qui fait l'objet du serment. Dès-lors, quoiqu'il arrive, ils ne peuvent plus dévier en aucune manière de ce qu'ils ont promis, à moins qu'ils ne soient solennellement et légalement déliés de leur serment : car il ne peut y avoir d'accommodement, ni avec sa conscience, ni avec l'honneur.

CHAPITRE VI.

De l'Honneur du Souverain.

––––––––

C'EST principalement sur le trône que l'honneur doit briller dans tout son éclat, parce que le souverain est le représentant naturel de son peuple devant les autres nations, et que ses fautes sont presque toujours de nature à compromettre le bien général. Ici, plus sévèrement encore que partout ailleurs, l'abnégation de soi-même est le premier devoir. Dès qu'un homme est placé sur le trône, son individu n'existe moralement plus; ses intérêts privés, ses passions, et jusqu'à son amour-propre, ne peuvent exercer aucune influence sur ses déterminations, qui ne doivent avoir d'autre objet que le bonheur du peuple qui se repose sur lui du soin de le gouverner. Sa gloire particulière ne peut être que le résultat de celle qu'il fait acquérir à son peuple; et cette gloire consiste encore ici dans sa propre estime et dans celle des autres nations.

D'où l'on voit que la puissance, les victoires, et l'agrandissement de ses états, ne sont pas toujours des titres à la gloire d'un souverain ; car il peut être puissant, victorieux, conquérant, sans inspirer d'autres sentimens que celui de la crainte ; je parle ici de la vraie gloire, et non du vain éclat qui éblouit le plus souvent les yeux de ses sujets. Or, si sa grandeur et sa renommée n'ont été acquises qu'aux dépens de la bonne foi, de la justice et de l'honneur, il ne sera placé, aux yeux des sages, qu'au niveau de cette foule d'ambitieux, à qui il n'a manqué, pour sortir de l'obscurité, que les mêmes faveurs du sort.

Il étonnera le monde ; on le considérera comme un homme extraordinaire : on ira jusqu'à dire qu'il était fait pour régner ; mais l'histoire citera fidèlement ses faiblesses, ses erreurs et ses injustices. Il aura vaincu cent peuples par la force de ses armes ; mais on se rappelera qu'il n'a pas su vaincre ses propres passions. Il laissera après lui des monumens gigantesques de sa puissance et de ses exploits ; mais le souvenir de quelque malheur public se rattachera à chacun de ces monumens. On lira avec admiration le récit de son règne ; mais, pour le repos du monde, on priera la Providence de ne plus envoyer sur la terre de semblables souverains.

S'il existait un homme qui visât à la célébrité par de tels moyens, je consens qu'il arrive à son but, que l'histoire conserve à jamais le souvenir de ses talens, de sa fortune, des grandes choses qu'il aura faites; mais il est un mot que ses apologistes ne pourront jamais insérer dans son éloge, sans commettre l'abus que j'ai entrepris d'attaquer dans cet ouvrage; et ce mot, c'est l'honneur.

~~~~~~

CHAPITRE VII.

De l'Honneur des fonctionnaires de l'État.

———

DEPUIS le trône, point central des pouvoirs, ceux-ci se divisent et s'étendent sur toute la nation en passant par les mains des fonctionnaires de l'état. C'est l'ensemble de toutes ces ramifications de l'autorité qui constitue le gouvernement ; celui-ci sera d'autant plus parfait que leur liaison aura été mieux entendue, et leur distribution plus sagement répartie entre des hommes doués des talens nécessaires ; mais à coup sûr, le lien le plus important, le seul même qui puisse assurer la durée du gouvernement est celui que l'honneur établit entre ceux qui en font partie.

Tout homme qui accepte un emploi de l'état, lors même que l'on n'exigerait de lui aucun serment précis, est engagé par le fait et par l'acte même qui le revêt d'une portion de l'autorité, à faire tout ce que lui prescrit le gouvernement qui ne la lui confère qu'à cette condition. Dès-lors ses opinions et ses intérêts privés s'éclipsent devant ses devoirs ; du moment qu'il devient admi-

nistrateur, il doit presqu'oublier qu'il est citoyen. Il est vrai que tous les ordres qu'il reçoit
sont exprimés au nom du bien public, mais ce
n'est pas à lui à juger d'après ses propres lumières, s'ils y sont exactement conformes ; il a
promis d'obéir, et il le doit aveuglément. Cette
unité, si nécessaire dans une monarchie l'exige ;
d'où l'on voit que c'est l'honneur qui l'établit et
qui la conserve.

Tout homme prudent doit donc examiner
d'avance si l'emploi qu'il va occuper l'obligera à
agir contre ses principes, afin que sa conscience
ne puisse jamais se trouver en opposition avec
ses devoirs ; et si durant l'exercice de ses fonctions on lui prescrivait de nouvelles dispositions
qui le missent dans ce cas, il doit y renoncer.

Par la même raison, si le gouvernement envers lequel il s'est engagé venait à cesser, il devrait déposer sur-le-champ la part d'autorité qui
lui avait été confiée, et il ne pourrait la poursuivre
ou la reprendre que dans le cas où il aurait été
légalement délié de ses engagemens envers le gouvernement qui a cessé d'exister, et par conséquent, autorisé à en former de nouveaux avec
celui qui succède ; encore faudrait-il que celui-ci
ne lui imposât rien que de conforme à ses maximes, et que sa conscience se trouvât encore ici
d'accord avec ses obligations ; dans le cas con-

traire , il doit se retirer ; car il n'en est point ici comme d'une république , où nul ne peut s'exempter de prendre part à la chose commune ; dans une monarchie , chacun peut refuser d'être membre du gouvernement , et le devoir du citoyen envers l'état consiste , à la rigueur , à ne jamais troubler l'ordre qui y est établi.

Tel est ce que l'honneur prescrit à l'homme d'état et au magistrat : obéissance entière au gouvernement, fidélité inébranlable aux engagemens qu'il a pris en acceptant ses fonctions ; mais il lui promet sa propre satisfaction et l'estime générale pour récompense.

Lorsqu'il me sera prouvé que dans le siècle où nous vivons, les emplois de l'état sont le partage du désintéressement et de la fidélité, je brûlerai mon livre, et je me réjouirai avec mes concitoyens de pouvoir nous glorifier d'un gouvernement basé et soutenu sur les principes de l'honneur.

CHAPITRE VIII.

De l'Honneur militaire.

———

U_{NE} des classes les plus importantes de l'état est l'armée ; dépositaire de la force réelle et agissante, destinée à repousser les attaques des ennemis extérieurs, et à réprimer les attentats des malveillans au dedans, c'est sur elle que le gouvernement se repose de sa sûreté ; et le peuple entier, qui contribue à la former et à l'entretenir, a droit de compter sur une tranquillité qu'elle est chargée de maintenir.

L'honneur est à proprement parler l'essence du caractère militaire ; c'est ce sentiment qui doit faire supporter au soldat les privations, les fatigues, les périls ; qui doit soutenir son courage au milieu des combats, et lui inspirer ce mépris de la mort qu'on nomme bravoure. Ces sacrifices sont grands, sont nobles, lorsque leur motif n'est pas terni par des vues intéressées d'ambition personnelle ; aussi tous les hommes se réunissent pour accorder à l'état militaire un plus

haut degré de cette considération qui forme la récompense la plus précieuse de l'honnête homme ;
mais en même-temps l'honneur lui prescrit plus
sévèrement qu'à tout autre la stricte observation des deux conditions imposées à tous les
membres du gouvernement : l'obéissance et la
fidélité.

Dans une république, où tout homme est
soldat, chacun a le droit, comme citoyen, de
prendre part à la chose publique ; mais aussitôt
que le citoyen est armé, il ne peut plus délibérer.
Il doit agir d'après l'impulsion qui lui a fait
prendre les armes ; il ne lui reste qu'à se soumettre,
comme soldat, aux ordres auxquels il a participé,
comme membre de l'état. Dans une monarchie,
où la carrière militaire est une profession embrassée
sous les auspices du gouvernement, ce principe
est encore plus de rigueur.

L'armée est essentiellement passive ; elle ne
peut avoir de volonté, ni agir d'après sa propre
impulsion. Le mot servir n'exclut-il pas celui de
raisonner, et l'uniforme dont elle est revêtue ne
lui rappelle-t-il pas à chaque instant que la
soumission est son premier devoir ?

Il résulte, à la vérité, un inconvénient de ce
principe dans les monarchies ; c'est que, lorsque
les souverains sont ambitieux, ils font servir cette
obéissance passive de l'armée à seconder leur

propre inclination, souvent au préjudice des peuples; alors, par un abus déplorable, l'honneur militaire lui-même devient l'aveugle instrument de l'injustice. Mais cet inconvénient est de l'essence même du gouvernement monarchique; tout l'odieux en retombe sur le souverain; il ne préjudicie en rien à l'honneur du soldat; et quand celui-ci a rempli ses devoirs, il a le même droit à l'estime de tous les peuples.

Par suite d'une erreur assez généralement répandue, on croit que la bravoure personnelle et les traits éclatans de courage constituent l'honneur militaire.

Il est vrai que la bravoure militaire est inséparable de l'honneur; mais il n'en faut pas conclure qu'elle suffise pour le constituer ; car tel n'est courageux que par un instinct de férocité acquis dans l'habitude des combats, et c'est la bravoure du gladiateur; un autre risque sa vie dans l'espoir du butin, et c'est la bravoure des hordes de la Tartarie et des Arabes du désert; chez un autre enfin la bravoure n'est que l'effet d'un calcul: il a survécu à dix batailles, il se croit fondé à espérer qu'il échappera également à la onzième, dans laquelle il compte que la mort de quelques-uns de ses compagnons d'armes lui frayera la route à un nouvel avancement.

C'est dans la classe de l'armée que l'infidélité

serait la plus dangereuse. On en exige ordinairement un serment; mais à défaut de cette formalité,
les enseignes qu'elle reçoit, les signes de ralliement qu'elle porte en tiennent lieu. Dès l'instant
qu'un homme est investi de la force, il prend
tacitement l'engagement de ne jamais l'employer
qu'à l'objet pour lequel on la lui a confiée; quiconque abuse de ce dépôt sacré est un traître, voué
à l'exécration des siècles, et placé par lui-même
hors de la loi commune de toutes les nations.

L'armée n'obéit qu'à l'autorité visible et ma-
nifeste; c'est pour elle la seule légitime, et elle ne
peut être influencée par les ressorts secrets qu'on
pourrait faire mouvoir contre cette autorité; ainsi
toute conspiration contre le gouvernement est
étrangère à l'armée, et tout militaire qui conjure
est déshonoré.

D'après ce qui a été dit jusqu'ici, il est facile
d'induire la conduite que l'honneur prescrit au
militaire, dans le cas où le gouvernement qui
l'emploie viendrait à cesser. Quelque soit l'ordre
de choses qui succède, il doit rester fidèle à ses
sermens, à moins qu'il n'en ait été légalement
délié par la partie qui les a reçus. Si, dans l'anéan-
tissement absolu de celle-ci, le bien public s'op-
posait à l'exécution de ses engagemens, il ne lui
reste qu'à déposer ses armes, et rendre à l'état
la force qui lui avoit été confiée; car il est mora-

lement impossible qu'il en use en violation de la
foi jurée.

C'est en vain que, dans ces circonstances, on
lui exposera que l'intérêt de l'état exige de lui de
nouveaux services, et que, comme citoyen, il doit
les continuer (1); le militaire ne peut apprécier
ces motifs; depuis qu'il a juré de servir, il ne
peut plus user du droit de citoyen; aucune considération ne peut le porter à violer son serment.
Ainsi, lorsqu'un gouvernement est détruit, son
armée se trouve dissoute; mais les engagemens
de chaque individu subsistent, car lorsqu'il les a
pris le cas de dissolution n'avait pu être prévu.

Toutes les fois que l'armée prend part aux révolutions du gouvernement, elle a donc perdu
l'honneur. Ces principes sont sévères; mais de

_____

(1) Cette proposition, au premier coup-d'œil, pourra
paraître hasardée à ceux auxquels l'exaltation patriotique
ferait perdre de vue la sévérité des principes de l'honneur. Qu'il me suffise de leur faire observer que si
l'armée ne trahit pas ses sermens, la cause du gouvernement qu'elle sert ne peut être détachée de celle de la
patrie; que si la défection de l'armée avait amené les
choses à ce point, il n'entre point dans mon plan d'examiner ce qui lui reste à faire. Je dis seulement que
quelque soit sa conduite subséquente, elle ne peut plus
se parer de l'éclat de l'honneur; car

L'honneur est comme une île escarpée et sans bords ;
On ne peut y rentrer, lorsqu'on en est dehors.

3

leur observation dépend la tranquillité des états;
car les révolutions ne s'opèrent ordinairement
que par le secours d'une force ; la force de l'état
est dans le militaire, et celui-ci est obligé de
défendre l'ordre établi contre toute espèce d'at-
taque. C'est ainsi que l'honneur militaire est,
de sa nature, le plus fort empêchement aux révolutions; et, dans ce sens, les événemens qui
se sont passés de nos jours pourront servir de
réponse à ceux qui prétendent que l'esprit militaire français a été conforme aux vraies maximes
de l'honneur.

CHAPITRE IX.

Effets de la déchéance de l'Honneur dans une,
monarchie.

Par cela même que l'honneur est le principal
soutien des monarchies, la perte de ce sentiment
conduit l'état à sa ruine; et les efforts qu'il fait
pour éviter sa dissolution l'entraînent irrésisti-
blement sous le joug du despotisme.

L'Empire romain, créé par la force des armes,
au milieu de la corruption publique, portait
dans son sein les germes de sa destruction; aussi
son histoire ne nous présente-t-elle qu'un tableau
hideux de crimes et de barbarie; et si quelques
traits d'honneur et de vertu vinrent de temps en
temps en adoucir l'horreur, nous voyons qu'ils
ne brillèrent presque jamais que dans l'infortune
et la persécution; ce qui prouve que ces nobles
sentimens ne pouvaient se développer sans heur-
ter l'impulsion générale.

Alors l'autorité fut rarement confiée aux mains
des plus dignes; les emplois de l'état furent le
plus souvent le don de la faveur, le prix de l'in-

trigue, la récompense de la bassesse et de l'adu-
lation. Ces honorables fonctions, dégradées dès
leur origine, ne furent plus considérées par ceux
qui les exercèrent que comme des moyens d'assouvir leur rapacité et leur ambition; chaque
fois que leur intérêt particulier s'opposa à leurs
devoirs, ils ne balancèrent point: ils les trahirent;
et l'on vit des membres du gouvernement faire
usage de leurs pouvoirs, pour renverser celui là
même qui les leur avait confiés, pour accabler
leur maître et leur bienfaiteur.

Dans ces temps, la milice, enivrée par la
licence, fière de l'impunité que sa force lui pro-
curait, ne fit consister son bonheur que dans la
destruction, et sa gloire que dans l'art de vaincre et de se faire abhorrer; bientôt elle imposa des
lois à l'autorité suprême; que dis-je, elle créa,
déposa, replaça à son gré les souverains; à cette
époque, la corruption fut à son comble; car,
lorsque les soldats osent se vanter de faire et de
défaire les rois, on doit conclure que tout sentiment de pudeur est éteint parmi eux.

Alors les souverains, pour la plupart usurpa-
teurs, élevés au trône sur les lances de la garde
prétorienne, et reconnaissant tenir d'elle leur
pouvoir, sacrifièrent à son avidité tout le reste de
l'état; sans cesse occupés des moyens de conten-
ter cette milice indomptable, pour affermir leur

autorité chancelante, ils virent qu'ils ne pourraient y parvenir que par des exploits militaires
et des victoires; dès-lors toute idée de modéra-
tion et de justice fut oubliée; et entourés d'un
rempart de leurs guerriers, ils fermèrent impi-
toyablement les yeux sur les vexations et les
malheurs sans nombre qui opprimaient les
peuples.

Lorsqu'un empire est arrivé à ce point de dégradation, il lui est impossible de se régénérer
par ses propres moyens; car la force armée,
éternelle dépositaire du pouvoir suprême, se
rallie toujours autour du simulacre de souverain
qu'elle s'est formé; et les révolutions du trône
n'ont plus d'influence sur les destins de l'État.
La guerre civile ne peut non plus venir les changer; car la guerre civile ne subsite que par l'exaltation des sentimens opposés qui divisent divers
partis; et dans un peuple sans honneur, avili par
l'oppression, quels sentimens pourraient produire
un tel effet! Est-ce l'intérêt? mais l'intérêt, père
de l'égoïsme, isole les individus et détruit tout
esprit de coalition. Est-ce la terreur? mais la
terreur porte chacun à se ranger du parti du plus
fort. Est-ce enfin l'amour de la patrie? Mais
l'homme a-t-il une patrie, là où ses propriétés
les plus chères ne sont pas à l'abri de la violence
et de l'usurpation?...

C'est ainsi que luttant contre sa ruine, l'Empire romain prolongeait son existence par l'effet des mêmes poisons qui déchiraient son sein : incapable de se guérir d'un mal aussi invétéré, il était réservé aux autres nations de terminer sa douloureuse agonie ; épouvantées d'un tel exemple, lassées d'être depuis si long-temps les témoins de tant de crimes, elles s'armèrent et s'unirent pour les venger.

Dès l'instant que ce grand Empire fut arrivé à un tel degré de perversité, que le souverain y était sans foi, le soldat sans honneur, la plupart des citoyens sans vertus, et le petit nombre des vertueux sans énergie, il se trouva en état de guerre permanent contre tous les autres peuples, qui eurent, à le détruire, un intérêt puissant et légitime: celui de leur propre conservation. Car l'anarchie militaire ne se nourrit que de ses progrès ; ses principes dévastateurs se propagent comme une maladie contagieuse ; et si rien n'arrêtait ce torrent dans sa course, le monde entier deviendrait un vaste théâtre de carnage et de désolation.

Telles furent les causes morales de la décadence et de la chute de l'Empire romain. Il ne manqua pas non plus dans ce temps d'écrivains qui, tourmentés du besoin d'écrire, ou payés par l'autorité, ou visant à la fortune par la voie de

la flatterie, entreprirent de célébrer les souve-
verains, d'exalter la gloire nationale, de vanter
les progrès de la civilisation, de persuader enfin
que l'honneur de l'ancienne Rome n'était pas
tout-à-fait éteint ; mais du moins ils ne poussè-
rent pas l'impudeur jusqu'à qualifier du nom
de libérales, les maximes d'un gouvernement
oppresseur de ses peuples, et détesté du monde
entier.

CHAPITRE X.

Des Vertus sociales.

————

TRAITER ses semblables comme on voudrait en être traité soi-même; voilà la base des vertus morales.

Dans les nations civilisées, le premier sentiment de l'homme est l'amour de sa propriété; respecter les propriétés des autres, voilà la base des vertus sociales.

Veut-on juger, dans une nation, du degré où ces vertus sont parvenues parmi les citoyens? qu'on examine l'état de sa jurisprudence.

Les premiers Romains avaient peu de lois; elles étaient simples, parce que les sentimens de la morale avaient de l'empire sur les âmes. Quand l'honneur et la vertu sont la règle générale, les procès sont rares; et quand la mauvaise foi ne cherche pas à obscurcir la vérité, le bon sens suffit pour juger les cas que le législateur n'aurait pas prévus.

A mesure que les vertus s'altérèrent, les lois devinrent insuffisantes; la cupidité chercha à les

éluder pour s'emparer du bien d'autrui , et on
en étudia les lacunes pour pouvoir commettre
impunément l'injustice. Les causes se multipliè-
rent; des cas inconnus jusqu'alors se présentè-
rent ; les lois perdirent leur clarté, parce qu'elles
furent interprétées avec tant de subtilité, que la
sagacité des juges fut souvent en défaut. On fut
donc obligé peu-à-peu d'ajouter de nouvelles
lois, des commentaires où l'autorité se chargea
d'en expliquer le sens, des ordonnances , des res-
crits, et tous les actes enfin qui composent cette
énorme compilation que nous appelons le droit
romain.

On a beaucoup admiré parmi nous cette collec-
tion de jurisprudence ; on l'a prise pour base de
notre législation; on s'est attaché à empêcher que
dans tous les cas possibles , l'intention de la loi
pût être éludée ; on s'est vanté d'avoir, sous ce
rapport, surpassé même les Romains : triste
avantage d'être obligés, pour imiter leurs institutions , de les prendre à l'époque où ils étaient
le plus corrompus, et de devoir même renchérir
sur leur prévoyance !

Les jurisconsultes sont sans doute nécessaires
dans un État, parce que les citoyens ne sont pas
assez éclairés pour apprécier eux-mêmes leurs
droits ; mais plus cette classe est nombreuse, et

plus il est évident que la morale publique est déchue.

Il en existe malheureusement un bon nombre, qui ne font de la science des lois qu'un objet de lucre illicite; qui n'étudient le texte que pour imaginer des moyens de l'éluder; qui ne se tiennent au courant de la jurisprudence que pour saisir l'occasion de surprendre la religion des juges; qui, toujours prêts à vendre leurs services au plus offrant, ne semblent s'entremettre dans les affaires que pour faire perdre le bon droit; qui savent enfin entourer une mauvaise cause de tant de détours et de subtilités, que la loi n'a plus contre eux de valeur, ni les tribunaux le moyen de juger.

Ces hommes sont pour les mœurs d'un état, une peste plus redoutable que celle qui menacerait de le dépeupler de ses habitans, parce que nous n'avons contre ceux-là ni précautions ni barrière à opposer; c'est par eux que la passion basse de l'intérêt, et tous les vices qui la suivent, s'insinuent dans les cœurs des citoyens, et en bannissent l'humanité, les sentimens de la nature, et jusqu'à la pudeur; c'est par suite de leurs insinuations intéressées, ou de leur lâche complaisance, que le fils traduit honteusement l'auteur de ses jours devant les tribunaux, pour lui arracher les dépouilles d'une mère qui vient d'expirer ; que l'époux ose dévoiler les mystères de sa couche, et publier son déshonneur, pour retenir une partie des biens de la femme qu'il répudie ; qu'un autre, accusé lui-même d'avoir souillé la sainteté du lien conjugal, veut éluder l'appltion de la loi en aggravant son crime, et chercr a se soustraire à la peine de l'adultère en se déclarant incestueux, devant les juges épouvantés d'un excès d'impudence dont les annales de la jurisprudence n'offrent peut-être aucun autre exemple ?

Et c'est lorsque de semblables faits se passent sous nos yeux ; lorsque nous les voyons avec une telle indifférence que leurs auteurs ne sont pas même repoussés du commerce de leurs contemporains, que nous oserions nous parer des vertus sociales ! Ah ! contentons-nous de remercier la Providence, si un petit nombre a pu encore, au milieu d'une telle corruption, conserver quelque reste de morale !

Ces vices, en armant les citoyens les uns contre les autres, désunissent les liens de la société ; mais il me reste à faire remarquer l'influence encore plus directe qu'ils exercent sur le dépérissement du Gouvernement.

Tout homme qui n'est retenu dans ses désirs que par la crainte des lois, vise naturellement à obtenir une portion de l'autorité, qu'il considère comme devant lui servir d'abri dans leur infraction. Ainsi, sa propre cupidité le fait aspirer aux emplois, et le désir anticipé d'en abuser est le principal titre qu'il apporte pour les obtenir.

D'un autre côté, tel homme qui conserverait encore du respect pour la propriété de son concitoyen, n'a plus aucun scrupule s'il peut s'emparer de la propriété publique; et il oublie que ce que tous les membres de la société ont mis en commun, doit être sacré pour chacun d'eux en particulier.

On postule ainsi les fonctions du Gouvernement, sans s'occuper préalablement d'acquérir les conditions nécessaires pour mériter la confiance qui y est attachée; on ne prévoit point les devoirs qu'on aura à remplir, on calcule les bénéfices, et on se nourrit de l'espoir de s'y approprier les richesses de l'État. On n'a pas de honte de s'informer à l'avance des profits illicites, et de les placer avant les avantages légitimes dont l'État entend récompenser ceux qui le servent avec désintéressement.

Qu'en résulte-t-il? Que les emplois de l'État sont le partage de l'incapacité et du vandalisme; qu'une honteuse simonie préside à leur dispensation; que de protecteurs en protecteurs, depuis les moindres places jusqu'aux plus élevées, tout est abandonné à l'intrigue, à la dilapidation, et rien n'est confié au mérite. Dans cet état, la grande machine du Gouvernement n'a plus pour ressorts que les passions individuelles; et si le bras du despotisme n'en vient réunir les membres en les comprimant, sa dissolution est inévitable.

Si, dans le tableau que je viens d'esquisser, le lecteur reconnaît les mœurs de mon temps, je n'ai rien à ajouter; il répondra lui - même à ceux qui préconisent nos vertus sociales.

CHAPITRE XI.

De la Liberté.

———

Tous ceux qui depuis long-temps se sont occupés des moyens de gouverner les peuples, ont
senti qu'il fallait aux hommes réunis en société
un sentiment intimement gravé dans leurs cœurs,
qui les attachât à l'ordre établi et leur servît à la
fois de frein et de véhicule.

Dans les républiques, l'amour de la liberté;
dans les monarchies, l'honneur et les vertus
sociales; sous le despotisme, la terreur; sont les
moyens moraux qui servent à contenir et à diriger les peuples.

Chez nous l'amour de la patrie est étouffé par
l'égoïsme; l'honneur est avili; les vertus sociales
n'existent plus; la religion en tenait lieu, et on
l'a détruite; en attendant qu'on ait assez de force
pour régner sur nous par la terreur, on a proclamé la liberté.

Mais ce n'est qu'un prestige dont on a voulu
éblouir les yeux du vulgaire; la liberté, comme
on l'entend, comme elle existait chez les peuples naissans où les mœurs étaient pures, ne
peut ni subsister, ni même s'établir parmi nous.

Dès que la conscience ne s'oppose plus à l'ambition individuelle, chacun envisage la liberté comme un moyen personnel d'avancement; c'est alors la liberté de tout faire; et c'est une chimère qui se détruit par elle-même. Pour s'en convaincre, il suffit de réfléchir que nul ne peut avoir la liberté de s'élever, sans priver quelqu'autre de la liberté d'user de ses droits.

Si l'auteur du Contrat Social eût bien médité cette vérité, il eût refait son livre. D'autres avant moi lui ont reproché des contradictions; mais la plus étrange me paraît celle-ci : qu'après avoir conclu, d'après ses propres observations, que les hommes étaient essentiellement vicieux, il leur aient attribué une liberté dont ils ne pourraient user sans être parfaitement vertueux.

Cette erreur, échappée à un homme de génie, a été bien cruellement démontrée par l'expérience que nous en avons faite; cependant, aujourd'hui encore, elle semble se propager parmi nous. Est-ce réellement une illusion que vingt-cinq années de malheurs n'auraient pu détruire ; ou bien serait-ce encore un moyen de séduction mis en œuvre par ceux qui depuis ce temps ont excité l'enthousiasme de la liberté chez le peuple, afin d'employer ses propres bras à lui forger des chaînes? Ces questions vont être examinées dans les chapitres suivans.

CHAPITRE XII.

Du Vœu du peuple.

————

C'EST toujours au nom du peuple que nous parlent ceux qui disposent de l'autorité; c'est le vœu du peuple qu'ils prétendent suivre dans toutes les dispositions qu'ils font exécuter. Cependant le peuple n'est jamais satisfait; il se regarde en quelque sorte comme étranger à tous les actes du pouvoir. D'où j'ai conclu que ceux qui se disent ainsi les interprètes de sa volonté pourraient bien encore abuser des mots; et c'est ce qui m'a porté à examiner ce que c'est que le vœu du peuple, et de quelle manière il peut l'exprimer.

Le mot *peuple*, comme on l'entend aujourd'hui, signifie la réunion de tous les individus d'une nation; réunion dans laquelle les droits de citoyen sont répartis par tête, c'est-à-dire, que chaque homme en possède une égale part, quelle que soit la condition où le sort l'ait placé.

De ce principe d'égalité, on a fait résulter que

chaque individu a le droit de voter en matière
d'intérêt public et de gouvernement.

Cette réunion des votes, nous a-t-on dit, exprime
le vœu du peuple, et toute détermination à
prendre, qui en réunit un plus grand nombre,
doit être réputée conforme au bien de l'État.

Car, a-t-on ajouté, bien que chaque homme
place ordinairement, dans ses résolutions, son
intérêt privé avant l'intérêt général, par cela même
le parti adopté par la majorité est celui qui est
conforme aux intérêts du plus grand nombre :
or, l'intérêt de la majorité d'un peuple, voilà ce
que nous appelons l'intérêt public.

Je répondrai d'abord, qu'il est possible que la
majorité d'un peuple soit poussée à prendre le
plus mauvais parti, celui le moins favorable à son
bien-être, et cela arrive en effet toutes les fois
que l'opinion publique est égarée. Nous n'avons
malheureusement pas besoin de nous reporter
dans des siècles passés pour en chercher l'exemple;
car, s'il est vrai, comme on n'a cessé de le répéter,
que c'est la majorité du peuple qui a entraîné tous
les événemens de nos jours, voudra-t-on nous
persuader aussi que les fléaux qu'ils ont attirés
sur lui soient des résultats heureux et de son
choix ? Si l'ignorance ou le délire portaient un
malade à choisir pour remèdes les poisons les plus
vénéneux, dirait-on que sa volonté l'a porté à

4

prendre le meilleur parti pour soulager ses maux?

Mais, lors même qu'aucune cause étrangère n'influerait sur l'opinion publique, je puis démontrer que le vœu du peuple, exprimé par la majorité, ne pouvait produire aucun résultat heureux.

J'ai déjà fait remarquer que le meilleur Gouvernement est celui qui garantit à chacun sa propriété; car chacun tient à ce qu'il a; et le vœu d'une nation, pour l'intérêt public, devrait être conforme à ce principe.

Mais l'homme, qui n'est jamais content de ce qu'il possède, cherche sans cesse à améliorer son sort, et il est toujours prêt à accueillir un changement qui lui offrirait une telle perspective. Mettre à même les citoyens de décider du sort de leur Gouvernement, c'est la même chose que les porter à le bouleverser pour en établir un nouveau selon leurs vues.

Il est vrai qu'il existera un certain nombre d'hommes de bon sens, qui n'envisageront dans un changement que des risques à courir : ce sont ceux qui possèdent les biens, les titres, les privilèges attachés au Gouvernement établi. Mais ceux-là forment la moindre partie de la nation. La classe la plus nombreuse est toujours celle qui, pauvre et obscure, n'a rien à perdre, et ne voit qu'un moyen d'acquérir dans le bouleversement. Celui-ci aura donc lieu, puisqu'on est convenu que la majorité des votes exprimait l'intérêt public.

Et ne croyons pas que cette révolution, une fois faite, puisse donner de la consistance au nouvel ordre de choses établi ; car les biens et les priviléges, enlevés à leurs premiers possesseurs, ne seront point répartis également entre les citoyens. Cette égalité de conditions est, depuis long-temps, démontrée impraticable et chimérique. Ces avantages n'auront fait que changer de mains, et se trouveront placés dans celles du petit nombre des gens heureux ou adroits, qui excitent ordinairement le trouble pour y atteindre, et surtout savent en profiter pour les acquérir. Il existera donc, comme auparavant, une classe de mécontens qui, comme la plus nombreuse, agira à son tour pour bouleverser l'ordre établi, et agira avec d'autant plus d'énergie, que son ambition sera excitée par l'exemple et encouragée par les succès dont elle aura été témoin.

Ainsi le résultat de ce système de la souveraineté du peuple, répartie sur les individus, sera une anarchie permanente, et l'État ne fera que tomber de révolutions en révolutions.

En suivant les conséquences qui découlent naturellement de ces principes, on pourroit arriver à la découverte de la forme de Gouvernement la moins exposée aux abus que j'ai décrits, et, parconséquent, la plus avantageuse dans les mœurs de notre temps ; mais cette recherche m'éloignerait trop de mon sujet. Je m'arrête donc ici, et je conclus : que ceux qui, de nos jours, ont publié qu'il est de l'intérêt pubic que l'exercice de la souveraineté soit répartie sur tous les citoyens, ou étaient de bonne foi, (dans ce cas ils ont fait partager au peuple une erreur qui les avoient eux-mêmes séduits), ou ils étaient éclairés, et alors ils ont abusé des mots pour égarer l'opinion publique, et exciter une révolution dans laquelle ils apercevaient des occasions de satisfaire leur ambition privée et leurs passions.

Tromper le peuple sur ses intérêts est un abus coupable ; mais une hardiesse bien plus étrange encore, serait de vouloir lui persuader qu'on remplit ses intentions, lorsqu'il n'a pas même pu les faire connaître ; or, comment ceux qui se disent les interprètes de sa volonté ont-ils pu en recueillir les expressions ? C'est ce qu'il me reste à examiner.

Le vœu d'une nation peut être exprimé de trois manières ; 1°. par une souscription individuelle ; 2°. dans des assemblées délibérantes ; 3° par l'organe de la représentation nationale.

CHAPITRE XIII.

Des Votes par souscriptions.

ON a imaginé d'exposer aux yeux du peuple des registres, dans lesquels chaque citoyen souscrit son vœu ; et on a cru que la compulsation de ces signatures suffisait pour reconnaître le choix de la majorité, et par conséquent le vœu général. Si on l'a jugé ainsi de bonne foi, on a commis au moins une méprise.

D'abord, qui sont ceux qui établissent ces registres, recueillent les votes, les compulsent et en publient le résultat ? Ce sont les membres d'une autoritée constituée : cette autorité précédait donc le vœu du peuple. Est-ce le peuple qui l'a établie ; et dans ce cas, quel motif peut la porter à provoquer son vœu ? ou bien cette autorité n'a-t-elle pas été établie par le peuple ? et alors, quel droit a-t-elle de réclamer son opinion, de la recueillir, de s'en établir dépositaire ?...

Ces questions seraient susceptibles de longs développemens ; mais sans m'y arrêter, je dirai : Cette autorité, quelle qu'elle soit, existe ; et puisqu'elle a assez de force pour provoquer l'avis des citoyens, leurs votes ne sont plus parfaitement libres; car, quelle influence ne doit-elle pas exercer sur leurs déterminations ?

Je suppose qu'un peuple soit consulté de cette manière sur le sort de son Gouvernement, et que sa réponse ne consiste que dans l'expression la plus simple de l'adhésion ou du rejet; dans un oui, ou un non.

Je suppose encore que la saine majorité de la nation soit de l'avis du rejet. De sorte que l'intérêt public (exprimé, comme nous l'avons vu, par cette majorité), entraîne l'exclusion du Gouvernement. Je dis qu'il est probable que le Gouvernement sera adopté, contre l'intérêt public.

On m'accordera facilement, par suite du principe général qui fait que chaque homme place avant tout son intérêt privé, que la totalité des membres du Gouvernement existant donnera son adhésion, parce que les avantages qu'elle possède sont attachés au sort de ce qui existe ; et voilà déjà une classe entière qui émettra son vote contre l'intérêt public.

Mais, quelle influence ces mêmes agens du Gouvernement n'exerceront-ils pas sur les votes du peuple?... Ne sait-on pas que la majeure partie des individus de cette classe, soit insou-

ciance, défaut de capacité, ou défiance d'eux-
mêmes, s'en rapportent ordinairement sur les
grands intérêts politiques, aux avis du petit
nombre de ceux qui, plus éclairés, ou plus
adroits, ont attiré leur confiance? Et, qui est
plus à portée de s'emparer de cette confiance,
que ceux qui sont en possession de l'autorité?
Ceux-ci sont à même de diriger, pour ainsi dire,
l'opinion du citoyen; je dis plus : de flatter ses
intérêts, et le séduire.

Le peuple, peu accoutumé à s'occuper des
affaires d'état, aurait besoin pour fixer son jugement sur ces matières, qu'une discussion con-
tradictoire l'éclairât; ainsi que dans nos cours
criminelles, les débats servent à éclairer la religion des juges. Dans la méthode du scrutin dont
il s'agit ici, chaque individu se trouve isolé en
présence de celui qui reçoit son vote, et abandonné ainsi à ses propres lumières; tel motif
de persuasion qui n'eut point agi sur lui si une
discussion le lui eût fait approfondir, suffit pour
le déterminer lorsqu'il lui est présenté en particulier.

Un Gouvernement qui réclame de cette manière le vœu du peuple sur son sort, est bien
assuré d'avance de réunir le plus grand nombre
de votes en sa faveur. Car les ignorans se pro-
nonceront pour l'adhésion, parce qu'ils ne com-

prennent pas pourquoi ils diraient le contraire,
et qu'en approuvant ils se croient dispensés de
donner des raisons ; parmi ceux d'une opinion
opposée, les citoyens timides s'abstiendront de
souscrire le rejet, de crainte de se compromettre
vis-à-vis de ceux qui sont pour le moment en
possession du pouvoir ; et les insoucians, qui forment la classe la plus nombreuse, ne s'appro-
cheront pas du registre.

Ainsi, en accordant que la plus scrupuleuse
exactitude ait régné dans l'inscription et le dé-
pouillement des votes, exactitude qui peut exister, mais qui ne pourra jamais être évidemment
démontrée, puisque ces opérations sont exclusi-
vement confiées au soin des parties intéressées
ou de leurs agens, on voit que le Gouvernement
réunira en sa faveur le plus grand nombre des
souscriptions, contre le vœu de la majorité du
peuple et l'intérêt général.

Je ne pense pas qu'un Gouvernement, pour
se consolider, ait besoin de s'appuyer de semblables registres ; car s'il en était ainsi, je ne
connaîtrais sur la terre aucun Gouvernement qui
fût bien établi. Mais convenons du moins que
vouloir nous persuader qu'une opération de cette
nature puisse servir de légitimation à un Gouvernement ; c'est un abus de mots et une prétention au moins ridicule aux yeux des gens sensés.

CHAPITRE XIV.

Des Assemblées délibérantes.

Ce serait sans doute un beau et grand spectacle que celui d'une nation entière réunie dans une enceinte, et occupée à y discuter les grands intérêts qui la concernent. Mais en supposant même que cette immense réunion fût possible à former, elle ne pourrait produire, dans nos mœurs actuelles, aucun résultat heureux ; car, pour que les décisions qu'on y prendrait à la majorité des voix fussent réellement conformes à l'intérêt général, il faudrait ou que cette majorité fût composée de gens désintéressés et animés de l'amour du bien public ; ou, dans le cas contraire, qu'il existât parmi eux une telle égalité de moyens, qu'aucun ne pût forcer la volonté des autres à se plier à ses vues particulières ; conditions qui ne peuvent se rencontrer parmi un peuple où l'ambition active et l'insouciant égoïsme se divisent l'empire sur le cœur des citoyens.

Toutes les fois qu'un ambitieux aura sur le vulgaire quelque avantage de talens, de puissance ou de bonheur, il en séduira d'autres. Plus il possédera d: ces avantages, et plus il aura de partisans; plus les idées qu'il énoncera seront extraordinaires et exagérées, et plus il trouvera d'approbateurs. Les uns, par un sentiment d'admiration qui les porte à s'intéresser à tout ce qui leur paraît au-dessus des idées communes; les autres, en plus grand nombre, guidés par leur ambition particulière, supposent que cet homme doit réussir, et ils se rallient à lui comme à un point d'appui; c'est ainsi qu'il se fortifie de la portion de souveraineté que chacun dépose en lui.

Si dans une assemblée, dans une nation, plusieurs ambitieux s'élèvent ainsi en même-temps, il s'ensuivra la discorde civile; mais celui d'entre eux qui réunira à un plus haut degré les talens ou le bonheur, l'emportera sur tous les autres, et parviendra à réunir dans lui seul la souveraineté.

Dans un tel état de choses, le vœu du peuple n'influe en rien sur sa destinée. Ceux-là même qui ont contribué à élever cet homme au-dessus des autres, pourraient s'en repentir, qu'il ne seroit plus temps; la masse des pouvoirs concentrés autour de lui, résisterait à tous les efforts de leurs volontés particulières.

Lorsqu'un homme a été ainsi porté au premier rang sur les bras de quelques ambitieux, au mi-

lieu de la stupeur d'une foule étonnée de sa fortune, vouloir persuader au peuple que c'est son
vœu qui l'a établi et qui l'y conserve, ne serait-
ce pas abuser étrangement de sa crédulité?

C'est envain qu'on voudrait s'appuyer par la
considération du succès qui a couronné l'entreprise ; car n'avoir pas rencontré d'opposition,
ou l'avoir vaincue, ne prouve pas que l'on ait
obtenu l'aveu de la majorité.

Lorsque l'ambitieux Catilina conjurait contre
la liberté de Rome, ses compagnons et lui, vils
rebuts des citoyens, n'avoient d'autres fins que
d'assouvir leur cupidité au milieu du désordre
général, et d'établir leur propre grandeur sur les
ruines de la patrie ; si l'éloquence de Cicéron
n'eût pas alors réveillé l'énergie des Romains,
Catilina fût parvenu à l'autorité suprême ; et, le
succès de son entreprise l'eût-il autorisé à dire
que le vœu du peuple l'avait accompagné?

La souveraineté du peuple réuni est une chimère : toutes les fois que des ambitieux pourront
s'emparer de la force ou du pouvoir, ils com-
menceront par influencer ses délibérations, et
finiront par étouffer sa liberté.

Dans les anciennes républiques, où le vœu du
peuple était respecté, ces inconvéniens avaient
été prévus, et leurs législateurs avaient cherché
à y parer par des lois plus ou moins répressives.

A Athènes , par exemple , tout homme qui par-
venait à acquérir une certaine prépondérance sur
les autres, fut-ce même par l'exercice des vertus,
était condamné au bannissement. Ceux qui, de
nos jours , nous parlent sans cesse de la liberté
du peuple , et voudraient nous persuader qu'ils
n'agissent que d'après son vœu , désireraient-ils
avoir vécu au temps de l'ostracisme? Ils veulent
que nous les croyions désintéressés ; mais les
siéges qu'ils occupent et d'où ils nous parlent sont
trop élevés au-dessus de nous, pour que leurs
paroles puissent apporter dans nos cœurs la convic-
tion qu'ils ne nous trompent point. Veulent-ils nous
convaincre qu'ils sont de bonne foi? qu'ils des-
cendent, et qu'ils se soumettent d'eux-mêmes à
cette loi , à laquelle le citoyen le plus vertueux
de la Grèce obéit sans se plaindre ; ce n'est
qu'ainsi qu'ils laisseront au peuple la liberté de
faire connaître ses véritables intentions ; et s'ils
craignent, pour ce qui les regarde , de se soumettre à une semblable épreuve, qu'ils se taisent;
ils ont tant d'autres ressources ; qu'ont-ils besoin
d'employer les misérables détours de l'hypocrisie?

CHAPITRE XV.

De la Représentation nationale.

————

C'est pour me rendre plus clair en généralisant les principes, que j'ai considéré jusqu'ici le résultat qui pourroit ressortir de la grande assemblée d'un peuple réuni; mais cette immense mesure scrait impraticable dans une nation nombreuse et répandue sur une grande surface. On a donc imaginé de former des assemblées particulières sur divers points, où le peuple choisit un ou plusieurs individus qu'il charge de le représenter. Ces mandataires se réunissent ensuite dans une assemblée centrale pour y exécuter les dispositions que le peuple leur a imposées.

La nomination de ces représentans, dans chaque assemblée, est sujette aux abus que j'ai décrits dans le chapitre précédent. L'ambition personnelle y combattra contre le bien public; l'esprit de parti pourra l'emporter sur la majorité, et le choix tombera plus souvent sur le plus intrigant que sur le plus digne. Ajoutez qu'une fois réunis dans l'assemblée centrale, ces représentans se trouveront exposés entre eux aux mêmes inconvéniens, et oublieront souvent les devoirs de leur mission pour s'occuper de leurs propres intérèts ; mais ces abus sont de la nature des choses, et mon intention n'est ici que de combattre l'abus des mots.

Je dirai donc : puisque le peuple est souverain, et qu'il a le droit d'élire ses représentans, personne ne peut, dans cet acte solennel, lui imposer des conditions ; il peut et doit choisir qui bon lui semble, sans autre guide que sa propre conscience. Or, si on l'oblige à ne choisir ses mandataires que dans une seule classe, ou bien si on lui en exclut quelqu'une, on détruit sa liberté ; on sape, par la base, l'édifice de sa souveraineté.

Les pouvoirs du représentant ne sont que le résultat de la volonté du peuple, qui lui a fait connaître ses intentions au moment de l'élection ; le mandataire ne peut s'en écarter, ni les outrepasser en aucune manière. Car le peuple, qui lui a remis ses pouvoirs, a le même droit de les lui retirer. Dès l'instant que la mission dont il est chargé est remplie, ses pouvoirs cessent. Par exemple, si, pendant la durée de sa représentation, le Gouvernement venait à changer par des circonstances majeures, il ne pourrait passer à une nouvelle délibération, sans avoir de nouveau consulté ses commettans, et en avoir reçu un mandat exprès. Tout ce que peut faire un représentant au-delà des termes précis de sa mission, est donc attentatoire à la souveraineté du peuple, et par conséquent illégitime.

Le Gouvernement, quel qu'il soit, ne peut influencer les délibérations du peuple sans attenter à sa souveraineté. En conséquence, il ne peut avoir l'initiative des lois, ni des constitutions; c'est au peuple, puisqu'il est souverain, à établir celles qu'il juge nécessaires à son bien-être. Le Gouvernement n'est chargé que de les mettre en vigueur et de les y maintenir. Le peuple souverain lui a confié ses pouvoirs pour exécuter sa volonté, jamais pour se donner un maître.

Un représentant du peuple ne doit obtenir du Gouvernement ni distinctions, ni honneurs, ni priviléges; car à quel titre pourrait-il les mériter? Si la mission qu'il a reçue n'a rien que de conforme au vœu de l'autorité établie, celle-ci n'a aucun motif pour lui décerner un prix; si, au contraire, il est chargé de s'opposer aux volontés du Gouvernement, ou de les modifier, il ne peut rien en recevoir qui ne soit, ou un moyen de séduction employé pour le détacher de la cause du peuple, ou une récompense pour l'avoir trahie.

Voilà ce qu'on pose en principe; mais sont-ce-là les règles que l'on suit? Et pourquoi nous rappeler les maximes du droit public, quand on les élude, ou qu'on les viole, et qu'on peut le faire impunément!

On nous parle des assemblées des Champs-de-Mars et de Mai, tenues sous nos rois de la première et de seconde race; mais quel rapprochement peut-on faire de ces temps avec les nôtres, et quel fruit pourrait-on tirer de ce rapprochement?

Dans le temps de ces fameuses assemblées, le peuple français était divisé en trois classes bien distinctes : la noblesse, toute militaire, possédait les titres, les priviléges et le pouvoir; les moines, défricheurs des Gaules, étaient propriétaires des terres, conservateurs des sciences et des arts; le reste du peuple était dans l'esclavage. Ces assemblées n'étaient que des réunions où, sous la présidence du souverain, premier gentilhomme du royaume, les deux premiers ordres de l'État s'entendaient sur les moyens de ne pouvoir se nuire, et s'accordaient sur ceux d'opprimer le troisième. Certes, les Capitulaires, ces fruits qui nous sont parvenus des délibérations de ces grandes assemblées, prouvent bien que la troisième classe du peuple n'y avait aucune influence.

Aujourd'hui, nous proclamons la liberté et

l'égalité de tous les citoyens indistinctément ;
mais l'armée est là pour soutenir les droits du
plus fort. Nous avions détruit la féodalité mo-
nastique ; mais nous rétablissons la féodalité des
richesses, en ne prenant des électeurs que dans
la classe des propriétaires. Nous avons détruit
la féodalité de la noblesse ; mais nous rétablissons
une féodalité militaire, en réunissant en corps,
par des distinctions et des priviléges, la classe qui
est dépositaire de la force de l'Etat. Nous avons
aboli les classes privilégiées ; et l'on rétablit une
noblesse héréditaire ; nos descendans n'auront-
ils pas autant de motifs pour combattre ces nouvelles familles patriciennes, que nous en avons
eu nous-mêmes pour détruire celles qui existaient avant nous ? Nous prétendons que le
peuple est indépendant, et la force armée est
appelée à délibérer !....

Je le répète ici ; mon but n'est pas d'attaquer
les choses ; ni l'ordre, quel qu'il soit, qui peut
être établi. J'ai déjà prouvé que dans nos mœurs
corrompues la souveraineté du peuple ne pouvait
être qu'une source de malheurs. Parler de liberté
et d'égalité dans le siècle où nous vivons, c'est
parler une langue étrangère ; trop de passions
nous agitent pour que nous puissions l'entendre ;
et nous n'avons pas assez de vertus pour l'étu-
dier. Mais à quoi sert d'en profaner les expres-

5

sions ? N'est-ce pas commettre un sacrilége inutile ?

Et qui sont ceux qui parlent tant au peuple de liberté et d'égalité? Ce sont ces mêmes hommes qui, il y a vingt-cinq ans, ont employé ce prestige pour bouleverser toutes les institutions établies, parce que ces institutions étaient des obstacles à leur élévation personnelle; qui, en proclamant que ces avantages appartenaient à tous les hommes, se sont réservés pour eux seuls les droits d'en user, ont proscrit, emprisonné, égorgé quiconque a voulu défendre ses droits, sa propriété, son patrimoine, et n'ont cessé la persécution que lorsque tout a été dans leurs mains. Quels fruits a-t-on retiré de ces maximes, de ces exemples? La démoralisation d'une génération entière. La vue des alimens a excité l'avidité générale; un esprit de vertige s'est emparé de toute la nation; chacun s'est cru des droits légitimes à s'élever au dessus des autres : de cette émulation de dominer est née une lutte dans laquelle ont péri les derniers restes de vertu et d'honneur qui existaient parmi nous; lutte devenue interminable, parce que chacun est moins occupé à défendre ce qu'il a, qu'à usurper ce qui est aux autres, et que la classe la plus nombreuse est toujours la plus mal partagée.

CHAPITRE XVI.

De l'Amour de la patrie.

Amour, sentiment doux et sublime, que les cœurs purs peuvent seuls connaître et apprécier! toi qui exalte l'âme, et qui disposes les hommes aux grandes actions; qui les consoles des plus pénibles sacrifices, et les portes à tout sacrifier au bonheur de l'objet aimé; amour! il appartenait aux mortels heureux des premiers âges, d'unir ton nom à celui de la patrie!

Ils étaient dignes de prononcer ces mots sacrés, ces trois cents guerriers, qui, prêts à périr pour le salut de la Grèce, peignaient leur chevelure sur le lieu même qu'ils envisageaient déjà comme leur tombeau : ils en étaient dignes aussi, ces trois frères qui allaient, pour décider du destin de Rome, combattre à mort contre leurs parens et leurs amis! et dans des temps voisins des nôtres, ces Washington, ces Francklin, hommes désintéressés, qui vécurent dépositaires du pouvoir suprême, et moururent simples citoyens!

Mais quand la patrie n'est considérée que

comme une victime à dépouiller, lorsqu'elle n'est plus qu'une prostituée sur laquelle chacun s'empresse d'assouvir ses infâmes désirs; ne profanons point ces mots; siérait-il, dans les orgies de la débauche, d'adresser à l'impure Laïs le mot amour?

Aiment-ils leur patrie, ces ingrats qui abusèrent de ses propres forces pour l'asservir; qui secouèrent sur elle les flambeaux de la discorde pour avoir l'occasion de proscrire et d'égorger leurs frères; ces enfans dénaturés qui employèrent à déchirer son sein les armes qu'elle leur avait confiées pour la protéger?....

Aiment-ils leur patrie, ces hommes qui prodiguèrent son sang et ses trésors pour assouvir leur ambition insensée, et qui attirèrent sur elle la haine et la vengeance de tous les peuples, sans autre but que d'acquérir eux-mêmes une honteuse célébrité?....

Aiment-ils leur patrie, ceux qui l'ont défigurée de telle sorte, que ses fidèles enfans cherchent en vain à reconnaître ses traits chéris, sous l'affreuse plaie qui les recouvre?....

O ma patrie! quelle est donc la force de l'amour que tu nous inspires, si je suis encore animé par ce sentiment, dans l'instant où je rougis de prononcer ton nom!....

~~~~~~

CHAPITRE XVII.

De la Gloire nationale.

———

C'est au tribunal de la postérité que se décidera la grande question de notre gloire ; et quels titres lui présenterons-nous ?

Nous montrerons vingt-cinq années d'efforts et de sacrifices pour conquérir la liberté.

Mais les peuples diront, qu'après avoir proclamé les droits de l'homme, nous avons égorgé des citoyens pour des mots, des opinions, et que la liberté ne fut jamais chez nous que la propriété de quelques factieux.

Ils ajouteront, qu'au milieu de nos efforts pour conquérir la liberté, nous sommes tombés sous le joug du despotisme ; et ils montreront les éloges que nous avons été assez lâches pour prodiguer à ceux qui nous opprimaient.

Et la postérité jugera que nous fûmes un peuple de fous furieux, qui nous exaltâmes pour un fantôme, détruisîmes les liens qui nous unissaient pour nous. forger des chaînes, et nous glorifiâmes d'avoir été nous-mêmes la cause de nos désastres.

Nous nous vanterons d'avoir déployé un caractère national ; mais la postérité aura sous les yeux les écrits dans lesquels nous n'avons pas rougi d'avouer que le sort d'une nation entière dépendoit de celui d'un seul homme.

Nous dirons que nous possédions des vertus sociales ; mais les monumens de notre jurisprudence attesteront notre corruption ; les peuples diront que dans notre frénésie, nous employâmes tous les moyens qui étaient en nous pour étendre cette corruption chez nos voisins. Que non contens des maux que notre égarement avait attirés sur nous, nous voulûmes les faire tomber sur tous les peuples, en leur insinuant nos maximes, pour nous préparer les voies à les envahir.

Et la postérité prononcera que nous avons été attaqués d'une maladie morale, tellement dangereuse, que le repos du monde exigeait qu'on établît des barrières entre nous et tous les peuples, pour les sauver des progrès de la contagion.

Nous montrerons l'état de nos victoires, les capitales conquises, les champs de l'Europe et de l'Asie engraissés de nos cadavres et de ceux des peuples vaincus, et nos monumens enrichis de leurs trophées.

Mais les peuples exposeront les traités rompus, les sermens trahis, la bonne foi des souverains employée à les perdre. L'injustice et la rapine présidant aux conquêtes, les principes du droit des gens mis en oubli.

Et la postérité fixera à nos armées le même degré de gloire que nous accordons nous-mêmes à celles d'Attila et de Tamerlan.

Nous montrerons les progrès des arts et des siences parmi nous. La postérité jugera s'il est vrai, comme nous l'avons prétendu, que leur avancement ait contribué à nos révolutions ; et elle pourra alors résoudre un grand problème, qui est encore au-dessus de notre portée, savoir : quelle influence la propagation rapide des lumières peut exercer sur le bonheur des peuples.

CONCLUSION.

J'ai dit à mes contemporains des vérités dures; je ne me suis point attendu qu'ils m'en sauraient gré. Je n'ai pas eu la prétention de réformer mon siècle; cette entreprise est au-dessus de mes forces; et je pense qu'il serait moins difficile de détruire la génération qui m'entoure, que de la ramener toute entière aux vrais principes de l'honneur et de la vertu.

Étranger jusqu'ici à la profession des lettres, j'abandonne de bon gré à la critique le style et les formes de cet ouvrage, conçu et terminé en trop peu de jours pour que le sujet puisse y être convenablement traité dans toutes ses parties. Quant aux principes qui m'ont guidé, et au but moral que je me suis proposé, je suis préparé d'avance à les voir l'objet de la censure, du ridicule, et peut-être de la persécution. Je me glorifierai, si mon faible travail a assez de mérite pour éprouver un tel sort, reservé assez souvent, de nos jours, à tout ce qui est bon et louable.

Mais il existe encore des hommes, malheureusement en petit nombre, qui ont su se préserver de la contagion générale; il en est dans toutes les conditions, et ceux-là seront mes amis. Leur approbation est la seule récompense que je puisse apprécier. Ils uniront leurs vœux aux miens pour que de nouvelles et douloureuses épreuves ne viennent pas dessiller les yeux de leurs malheureux concitoyens; ils penseront avec moi que, lorsqu'une nation est égarée, elle ne peut se donner elle-même de sages lois, parce qu'au lieu de s'accorder avec ses propres désirs, ces lois devraient au contraire les réprimer; et que, lorsqu'on veut établir un Gouvernement sur des bases justes et durables, il ne faut pas supposer les hommes tels qu'ils devraient être, il faut les voir tels qu'ils sont.

BIBLIOTHÈQUE ROYALE

TABLE

DES MATIÈRES.

---

(75)

FIN DE LA TABLE.

www.ingramcontent.com/pod-product-compliance
Lightning Source LLC
Chambersburg PA
CBHW070929280326
41934CB00009B/1795